1. Lesestufe

Katja Königsberg

Schulhofgeschichten

Mit Bildern von Heike Wiechmann

Ravensburger Buchverlag

Bibliografische Information Der Deutschen Bibliothek:

Die Deutsche Bibliothek verzeichnet diese Publikation
in der Deutschen Nationalbibliografie.
Detaillierte bibliografische Daten sind im Internet
über **http://dnb.ddb.de** abrufbar.

3 2 1   05 06 07

Ravensburger Leserabe
© 2005 Ravensburger Buchverlag Otto Maier GmbH
Umschlagbild: Heike Wiechmann
Umschlagkonzeption: Sabine Reddig
Redaktion: Marion Diwyak
Printed in Germany
ISBN 3-473-36081-3

www.ravensburger.de
www.leserabe.de

Inhalt

Lars und Lena   4

Arme Katze!   16

Die Schulhof-Detektive   27

Leserätsel   41

Lars und Lena

Es klingelt zur großen Pause.
Alle rennen hinaus auf den Hof.
Lena trottet allein hinterher.

Sie setzt sich auf die Mauer
am Schulgarten.

Seit drei Tagen geht sie nun schon
in die neue Schule.
Seit drei Tagen wartet sie darauf,
dass sich jemand zu ihr setzt.

Aber niemand kommt.
Die Jungen spielen Fußball.
Die Mädchen springen Seil.

Hinten im Schulgarten
steht ein kleines Haus.
Da wohnt der Hausmeister Herr Marx.

Lars mit den roten Haaren
schleicht über den Kiesweg.
An der Tür bleibt er stehen
und guckt sich um.

Jetzt drückt er auf die Klingel.
Dann läuft er schnell weg
und versteckt sich hinter der Mauer.

Der Hausmeister macht die Tür auf.
Niemand ist da.
Herr Marx sieht sehr wütend aus.

„Hast du geklingelt?",
ruft er Lena zu.
Die schüttelt erschrocken den Kopf.

„Wer war es denn dann?",
fragt der Hausmeister.
„Du hast es doch sicher gesehen!"

Lena zuckt nur die Achseln.
Zornig wirft Herr Marx die Tür zu.

Lars huscht aus dem Gebüsch.

Er grinst Lena an und sagt: „Danke, dass du mich nicht verpetzt hast!"

„Gern geschehen!", sagt Lena
und grinst zurück.

Lars fragt: „Hast du vielleicht Lust,
mit mir Murmeln zu spielen?"
Und ob Lena Lust hat!

Lars und Lena suchen sich
auf dem Hof eine ruhige Ecke
und spielen Murmeln,
bis die Pause zu Ende ist.

Wie immer stellen sich alle Kinder
zu zweit in einer Reihe auf.

Lars gibt Lena die Hand und sagt:
„Wir gehen zusammen!"

Lena freut sich.
Hand in Hand mit Lars
springt sie die Treppe hinauf.

Hand in Hand mit ihm
läuft sie über den Flur.

An Lenas Tisch ist noch ein Platz frei.
Lars holt seinen Ranzen
und setzt sich neben Lena.
Die Lehrerin nickt und lacht.

Arme Katze!

Hurra, die Schule ist aus!
Lars und Lena rennen vergnügt
über den Schulhof.

Da hören sie hinter sich
plötzlich ein lautes Scheppern
und ein verzweifeltes Miauen.

Die Katze des Hausmeisters
saust schnell wie ein Blitz
an ihnen vorbei.

Jemand hat ihr eine leere Dose
an den Schwanz gebunden.

Der dicke Timo aus der dritten Klasse
hält sich vor Lachen den Bauch.

„Hast du das gemacht?",
fragt Lars empört.

Timo lacht nur noch lauter.
„Na und?", fragt er zurück.
„Ich finde das lustig!"

„Ich nicht!", sagt Lena.
„Das ist einfach nur gemein!"

Die Katze klettert auf einen Baum
und kauert sich auf einen Ast.
Sie schreit jämmerlich weiter.

„Bestimmt hat sie Angst", sagt Lena.
„Ich werde ihr helfen!", sagt Lars.

Vorsichtig klettert er auf den Baum.
Er setzt sich auf den untersten Ast
und streckt der Katze die Hand entgegen.

„Bleibt ganz ruhig!", sagt er.
„Du musst keine Angst haben."
Langsam klettert er näher und näher.
Jetzt hat er die Katze erreicht.

Er befreit sie von der Dose
und nimmt sie behutsam auf den Arm.
Langsam steigt er vom Baum.

Lena läuft aufatmend hin.
Sie streichelt die Katze und hört,
wie sie zu schnurren beginnt.

Der dicke Timo ist nicht mehr da.
Aber der Hausmeister Herr Marx
kommt jetzt mit großen Schritten
über den Schulhof gerannt.

Er ruft schon von weitem:
„Ich hab alles gesehen!
Das hast du ganz toll gemacht, Lars!"

Die Katze miaut ihm erfreut entgegen.
Aber von Lars will sie nicht weg.

Ganz vorsichtig setzt er sie
auf dem Boden ab.
„Bis bald, meine Süße!", sagt er.

Der Hausmeister nickt.
„Du kannst uns gern mal besuchen."

„Ich auch?", fragt Lena.
„Du auch!", sagt Herr Marx.
„Miau!", macht die Katze.
Alle vier sind sich also einig.

Die Schulhof-Detektive

Lars und Lena haben gestern
im Fernsehen einen Krimi gesehen.

Darin hat ein schlauer Detektiv
einem Dieb das Handwerk gelegt.

Gleich als der Film zu Ende war,
haben Lars und Lena beschlossen,
auch Detektive zu werden.

In der großen Pause erzählen sie
den anderen von ihrem Plan.

Die einen finden die Sache
ziemlich verrückt.
Die anderen sind ganz begeistert.

David ruft: „Ich könnte sofort
zwei tüchtige Schnüffler brauchen.
Mein Schlüssel ist nämlich weg!"

Lars und Lena schauen sich zweifelnd an.
Ist das wirklich ein Fall
für zwei begabte Detektive wie sie?

David sagt:
„Ihr bekommt dafür eine Belohnung.
Eine große Tüte Gummibärchen!"

„Na gut", sagt Lena.
„Dann erzähl uns doch mal,
was du heute gemacht hast!"

David runzelt die Stirn.
Nach und nach erinnert er sich:
Heute Morgen hat er wie immer
mit seiner Mama gefrühstückt.

Danach hat er seinen Ranzen gepackt
und seine Jacke angezogen.

Dann hat er die Wohnung verlassen
und sorgfältig die Tür abgeschlossen.

Im Flur hat er sich den Schlüssel
wie gewohnt um den Hals gehängt.

Auf dem Schulweg ist er gerannt.
Der Schlüssel am Band
ist auf seiner Brust nur so gehüpft.

In den ersten zwei Stunden
hat David Sport gehabt,
genau wie die anderen.

Danach war der Schlüssel weg.
David hat ihn in der ganzen Turnhalle
vergeblich gesucht.

„Halt mal!", sagt Lars.
„Du hast doch heute Früh
eine Jacke angehabt.
Wo ist die jetzt?"

„Ich habe sie vor der Turnhalle
an einen Haken gehängt",
sagt David verdutzt.
„Da hängt sie noch immer."

Lenas Augen blitzen vergnügt.
„Bestimmt hast du den Schlüssel
in irgendeine Tasche gesteckt."

„Todsicher!", ruft Lars.
„Beim Sport wäre dir das Ding
doch nur lästig gewesen."

„Ihr Schlaumeier!", murmelt David.
Wie ein geölter Blitz saust er davon.

Als er zurückkommt,
schwenkt er mit einer Hand
den Schlüssel am Band.

In der anderen schwenkt er
eine große Tüte Gummibärchen.
Strahlend ruft er:
„Und das ist für zwei gute Detektive!"

Alle lachen und klatschen Beifall.

Lars und Lena verbeugen sich stolz.

Dann teilen sie sich die Gummibärchen.

Sie haben ihren ersten Fall gelöst.

Hoffentlich kommt bald der nächste!

Katja Königsberg war nach ihrem Studium der Germanistik, Anglistik und Kunstgeschichte für verschiedene Verlage tätig. Nach der Geburt ihres Sohnes Leon schrieb sie mehrere Bände für den Leseraben, u. a. die Bücher von „Benjamin Katz" und „Das Gespenst auf dem Dachboden". Sie lebt heute in Köln und arbeitet für einen Hörbuchverlag.

Heike Wiechmann arbeitete nach ihrem Studium an der Fachhochschule für Gestaltung in Hamburg zunächst als Produktmanagerin, Zeichenlehrerin und Bauchtänzerin. Doch schon bald begann sie das zu tun, was ihr bis heute am meisten Spaß macht: Sie begann Kinderbücher zu illustrieren. Heike Wiechmann lebt mit ihrem Mann und ihren beiden Kindern in Lübeck.

Leserätsel
mit dem Leseraben

Super, du hast das ganze Buch geschafft!
Hast du die Geschichten ganz genau gelesen?
Der Leserabe hat sich ein paar spannende
Rätsel für echte Lese-Detektive ausgedacht.
Mal sehen, ob du die Fragen beantworten kannst.
Wenn nicht, lies einfach noch mal
auf den Seiten nach. Wenn du die richtigen
Antwortbuchstaben in die Kästchen auf Seite 42
eingesetzt hast, bekommst du das Lösungswort.

Fragen zu den Geschichten

1. Warum sitzt Lena alleine auf der Mauer?
   (Seite 5)
   M: Weil sie neu an der Schule ist und niemanden
      kennt.
   R : Weil sie nicht Fussball spielen kann.

2. Wieso setzt sich Lars neben Lena? (Seite 15)
   U: An ihrem Tisch ist noch ein Platz frei.
   A: Lars möchte nicht mehr alleine sitzen.

3. Was hat Timo der Katze des Hausmeisters an den Schwanz gebunden? (Seite 17)
   S: Einen bunten Schal.
   R: Eine leere Dose.

4. Wohin flüchtet die Katze? (Seite 20)
   M: Sie klettert auf einen Baum.
   O: Sie versteckt sich unter dem Auto.

5. Weshalb braucht David zwei Detektive? (Seite 29)
   P: Er findet seinen neuen Füller nicht mehr.
   E: Er hat seinen Schlüssel verloren.

Lösungswort:

M U R M E L

Super, alles richtig gemacht! Jetzt wird es Zeit für die RABENPOST.
Schicke dem LESERABEN einfach eine Karte mit dem richtigen Lösungswort. Oder schreib eine E-Mail. Wir verlosen jeden Monat 10 Buchpakete unter den Einsendern!

An den LESERABEN
RABENPOST
Postfach 20 07
88 190 Ravensburg
Deutschland

leserabe@ravensburger.de
Besuch mich doch auf meiner Webseite:
www.leserabe.de

1. Lesestufe für Leseanfänger ab der 1. Klasse

  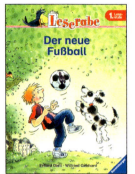 

ISBN 3-473-36038-4   ISBN 3-473-36036-8   ISBN 3-473-36014-7   ISBN 3-473-36037-6

2. Lesestufe für Erstleser ab der 2. Klasse

ISBN 3-473-36043-0   ISBN 3-473-36041-4   ISBN 3-473-36039-2   ISBN 3-473-36021-X

3. Lesestufe für Leseprofis ab der 3. Klasse

   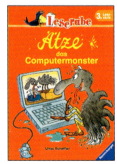

ISBN 3-473-36054-6   ISBN 3-473-36051-1   ISBN 3-473-36024-4   ISBN 3-473-36052-X

Gute Idee.